Inhalt

Vergessen Sie bitte nie ...

Als mein Großvater, der Tischlermeister Georg Bädeker, im Sommer des Jahres 1920 mit seiner Frau, seiner Tochter Gertrud und seinem Sohn Herbert zu Besuch bei Verwandten in der Straße An der Gete war, da nutzte er den letzten Tag vor der Abreise nach Bremerhaven zu einem Spaziergang an die Weser und auf die Große Weserbrücke. Seine vierzehnjährige Tochter begleitete ihn, und sie erinnerte sich noch lange, daß ihr sonst so sehr auf feines Benehmen bedachter Vater sich auf der Weserbrücke über das Geländer beugte und herzhaft und mit dem Ausdruck größter Befriedigung in die Weser spuckte. Die junge Dame muß dieses absonderliche Verhalten wohl mit einem äußerst entsetzten Blick gewürdigt haben, weshalb Georg Bädeker sich bemüßigt fühlte, seiner Tochter folgendes zu erklären: »Siehst du, mein Kind, das weiß ich natürlich auch, daß ein ordentlicher Mensch nicht so ohne weiteres in die Weser spucken sollte. Aber ich bin nun einmal, wie du weißt, ein Bremer. Und wenn ein Bremer seine Heimatstadt verläßt, dann spuckt er zum Abschied in die Weser. Dann weiß er, daß er bestimmt wieder zurückkehren wird. Bisher hat das bei mir immer geklappt.« Wenige Monate später ist mein Großvater an den Folgen eines Nierenleidens, das er sich in den Schützengräben in Rußland zugezogen hatte, gestorben, ohne daß er Bremen wiedergesehen hat. Doch 37 Jahre später meldete ich mich, Georg Bädekers Enkel, beim Einwohnermeldeamt Bremen, und ich hatte vom ersten Tage meines Aufenthaltes in dieser Stadt an das Gefühl, nie etwas anderes als ein Bremer gewesen zu sein.

Darum meine Bitte an alle Bremer: Vergessen Sie nie, in die Weser zu spucken, wenn Sie einmal aus diesen oder jenen Gründen Bremen verlassen wollen oder müssen. Sie wissen nie, wofür es gut ist und ob es nicht vielleicht – wenn Sie selbst schon nichts davon haben – zum Wohle Ihrer Enkel geschieht.

Ich hatte diese Geschichte als eine Art Vorwort gedacht, es jedoch absichtlich unterlassen, in der Überschrift darauf hinzuweisen, weil Vorworte – wie man weiß – kaum oder nur dann gelesen werden, wenn das Buch so gut war, daß man nachträglich auf keinen Fall darauf verzichten möchte, dieses nachzuholen. Was ich Ihnen hiermit erspart habe.

Als die Bremer noch im Dunkel
der Geschichte saßen, und
warum Worpswede bis auf den heutigen
Tag ein Teil Bremens ist

Der Riese Hüklüt ist schon lange tot. Gott sei Dank! Denn er war ein schrecklicher Kerl, der tausend Ochsen auf einmal verschleppen konnte. Und nicht nur das. Er fraß auch Menschen, was zum Beispiel für Bremen recht unangenehm hätte werden können, denn Hüklüt lebte gar nicht weit entfernt, irgendwo in Niedersachsen.

Es muß um jene Zeit gewesen sein, so um die Mitte des 3. Jahrhunderts, als die Sachsen von Holstein her an die Weser gekommen waren und sich einige von ihnen nach einer Zeit der Eingewöhnung zu Herzögen ernannt hatten. Das war ja nun schon schlimm genug für die Einheimischen. Hüklüt aber war noch schlimmer, und die Leute im Niedersächsischen wären ihn gern losgeworden. Allein, es klappte nicht. Schon deswegen nicht, weil Hüklüt jeden verschluckte, der sich ihm näherte.

Bis Dietrich kam, ein junger Fischer, der durch allerlei Tricks und Schöntuerei das Wohlwollen des Riesen erringen konnte.

Dietrich machte die Bekanntschaft Hüklüts auf einem Fest des Sachsenherzogs Rugbrok, an dem der Riese – selbstverständlich ungebeten – teilnahm. Hüklüt entführte den Fischer, spielte mit ihm, wie man heutzutage mit Zinnsoldaten spielt, und ließ sich eines Tages von ihm beschwatzen, einen Ausflug nach Bremen zu unternehmen.

Was die beiden im einzelnen in Bremen getrieben und erlebt haben, ist nicht überliefert. Man weiß nur, daß der Fischer seinem ungehobelten Begleiter den Rat gab, recht viel von dem Bremer Sand einzusammeln, denn den könnte man auf der weiteren Wanderung durch das Land gewiß gut gebrauchen.

Hüklüt fand Gefallen an dem Gedanken und stopfte sich die Taschen voll, daß von der berühmten Bremer Düne nicht mehr viel übrig geblieben wäre, hätte Dietrich nicht gedrängt und darauf hingewiesen, daß der Tag schon fortgeschritten sei und die Reise unbedingt weitergehen müsse, da man für die Nacht noch kein Quartier habe.

So lockte der listige Dietrich den tonnenschwer mit Sand beladenen Hüklüt geradewegs ins Teufelsmoor. Der moorige Boden gab unter dem fürchterlichen Gewicht des Riesen nach, und Hüklüt sank tiefer und tiefer. Da erst erkannte er, daß er in eine Falle getappt war. Doch ehe er für alle Zeiten im Moor verschwand, holte er eine Handvoll Sand aus seiner Tasche und warf ihn hinter dem flüchtenden Dietrich her – er verfehlte zum Glück sein Ziel – wo aber der Sand niederfiel, entstand ein Berg: der Weyerberg.

Und das ist die Erklärung dafür, daß sich die Bremer immer wieder nach Worpswede hingezogen fühlen und den niedersächsischen Ort als ureigenes bremisches Gebiet betrachten.

Sicherlich möchten Sie auch noch wissen, was mit Dietrich, dem jungen Fischer, geschah. Er kehrte – gefeiert wie ein Held – an den Hof des Sachsenherzogs Rugbrok zurück und heiratete des Herzogs Tochter Meta.

Und sie lebten glücklich bis an – ihr seliges Ende.

Wie sich die Bremer in die
Geschichte einführten, und warum
sie so gern die Sage von der Glucke
und den Küken erzählen

Mit einem Fehltritt, so muß leider zugegeben werden, haben sich die Bremer auf dem Schauplatz der Weltgeschichte eingeführt: indem sie den Priester Gerval totschlugen.

Freilich, so ganz schuldlos war auch Gerval an diesem Malheur nicht. Denn er hätte ja weglaufen können, als im Jahre 782 der Sachsenaufstand losbrach gegen Karl den Großen und gegen die bereits überall im Sachsenland tätigen Missionare der christlichen Kirche. Ach was, Gerval hätte nicht einmal wegzulaufen brauchen. Es wäre ganz sicherlich noch Platz für ihn auf jenem Kahn gewesen, mit dem sich sein Chef, der spätere Bischof Willehad, weserabwärts aus dem Staub machte.

Willehad, ein ebenso bibelfester wie gehorsamer Mann, hatte sich rechtzeitig jenes Bibelwortes im Kapital 10 des Matthäus-Evangeliums, Vers 23, erinnert, in dem es heißt: »Wenn sie euch aber verfolgen in dieser Stadt, so fliehet in die andere.« Keine Rede davon, daß man sich lieber totschlagen lassen sollte.

Willehad flüchtete also über Rüstringen in das sichere Friesland und kehrte erst nach Bremen zurück, nachdem Karls Schergen den Sachsenaufstand blutig niedergeschlagen und bei Verden an der Aller viertausendfünfhundert sächsische Edlinge hingerichtet hatten.

Von Gerval war keine Rede mehr. Weder die Bremer noch Willehad erinnerten sich gern an dieses etwas unglückselige Thema. Und weil man in Bremen im übrigen auch wohl keine Lust mehr hatte, bei Raufereien mit fränkischen Soldaten immerzu den Kürzeren zu ziehen, ließ man die alte Himmelsordnung mit den germanischen Göttern auf sich beruhen und akzeptierte die christliche Religion, was ja auch nicht ohne Vorteile war. Denn das Holzkirchlein auf der Düne, wo heute der Dom steht, sah nicht nur recht gut aus: es hatte auch einen praktischen Wert für die Fischer und Schiffer, denen das Kirchlein fortan als Orientierungshilfe diente.

Von Willehad aber ist zu sagen, daß er möglicherweise zeitlebens von einem schlechten Gewissen gegenüber Gerval gezwackt worden ist. Er mochte die Freuden dieser Welt gar nicht mehr so recht genießen, verzichtete auf Fisch und Fleisch, wurde Vegetarier und trank weder Wein noch Met. Auch soll er ein eher griesgrämiger als fröhlicher Typ gewesen sein. Er starb im Jahre 789 auf einer Reise nach Butjadingen.

Das ungeschickte Debüt der Bremer im Welttheater aber wurde aktenkundig, und wann immer bremische Geschichte erzählt wird, beginnt sie mit dem Jahre 782 und mit der ärgerlichen Tatsache, daß die Bremer damals den Priester Gerval totgeschlagen haben.

Zum Glück gibt es noch eine andere Darstellung des ersten bremischen Kapitels. In der ersten Hälfte des 19. Jahrhunderts erfand der Schriftsteller Friedrich Wagenfeld eine durchaus glaubwürdige, aber durch nichts zu beweisende Geschichte über die Gründung der Stadt, die seitdem zum Repertoire eines jeden gebildeten und seine Heimat liebenden Bremers gehört. Es ist die Geschichte von der Gluckhenne und ihren Küken. Sie sei hier mal eben kurz nacherzählt:

In einer stürmischen Nacht entdeckten Flüchtlinge, die mit ihren Booten unterwegs waren, auf der Suche nach einer schützenden Bleibe vom Weserstrom aus eine Henne, die sich mit ihren Küken auf eine Düne rettete. Die Flüchtlinge folgten den Tieren und schlugen auf der Düne ihre Hütten auf, fest entschlossen, dort zu bleiben und die Düne – wie Wagenfeld es formulierte – zu einem »Hort der Freiheit« zu machen.

Die Glucke und ihre Küken erhielten – so jedenfalls behauptet es der Autor – ein Denkmal über dem zweiten Rathausbogen in den Armen einer Frau. Nur beiläufig soll an dieser Stelle erwähnt werden, daß Glucke und Küken den Erbauern des Rathauses im Gegensatz zu der Wagenfeldschen Behauptung als Symbole der Fruchtbarkeit, der Mütterlichkeit und der Häuslichkeit galten, wobei besonders mit der Häuslichkeit eine typisch bremische Eigenschaft angesprochen wird. Sie findet ihren Ausdruck in der alten hansischen Erkenntnis, daß die Lübecker über ihre Verhältnisse trinken, die Hamburger über ihre Verhältnisse essen und die Bremer über ihre Verhältnisse wohnen.

Aber damit sind wir schon weit weg von der Gründung Bremens, und wenn Sie wollen, wenden wir uns jetzt einer anderen Episode der Geschichte zu.

Von der weißen Frau, die nachts durch das Stephani-Viertel geistert

Sie ist seit langem nicht gesehen worden, die weiße Frau, die zu mitternächtlicher Stunde durch das Stephani-Viertel zu geistern pflegte und sich besonders gern in der Nähe der Kirche aufhielt. Vielleicht haben irgendwelche günstige Umstände es bewirkt, daß sie ihren Seelenfrieden gefunden hat. Ihre Geschichte aber ist lebendig geblieben und soll hier noch einmal nacherzählt werden:

Dort, wo heute die St.-Stephani-Kirche steht, befand sich in uralten Zeiten ein Nonnenkloster. Es mag im 9. Jahrhundert gewesen sein, vielleicht auch im 10. Jahrhundert – wir nehmen es da nicht so genau. Eines Nachts nun erschien ein Bösewicht vor dem Kloster, dem es mit listigen Worten gelang, drei der Klosterfrauen aus dem Schutze ihrer Mauern hervorzulocken. Er tat ihnen Übles, ermordete sie dann und verscharrte sie im Sand.

Der Zufall fügte es, daß eben in jener Nacht die Magd des Bürgermeisters eine Wette einlösen wollte. Ein Verbrecher nämlich war tags zuvor in der Nähe des Nonnenklosters aufs Rad geflochten und vom Leben zum Tode befördert worden. Er trug ein neues Barett auf dem Kopfe, und die Magd hatte mit dem Diener des Bürgermeisters um einen neuen Rock gewettet, daß sie dem Verbrecher das Barett in der Nacht vom Kopf nehmen werde.

Und was niemand wirklich erwartet hatte: Sie verließ bei Nacht und Nebel das Haus, ging die Langenstraße hinunter, überquerte die Kleine Balge und erreichte die Richtstätte, wo sie alsbald, das Grauen mit der Aussicht auf den neuen Rock überwindend, die Hand nach dem Barett ausstreckte.

In diesem Augenblick hörte sie das Wiehern eines in der Nähe stehenden Pferdes, gleichzeitig bemerkte sie den bewußten Übeltäter, der eben im Begriffe war, die letzte der drei Klosterfrauen zu töten.

Da ließ das Mädchen den Gedanken an das Barett und einen neuen Rock fahren, sie schwang sich auf das Pferd, das offenbar dem Mörder gehörte, und ritt wie der Teufel in den Ort zurück. Wieder im Hause des Bürgermeisters angekommen, band sie das Pferd fest und berichtete ihrem Herrn, was sie gesehen hatte.

Der Frevler hörte sein Pferd wohl davontraben, meinte aber, es sei ihm einfach nur entlaufen. Er führte sein blutiges Handwerk zu Ende und folgte dem Roß in aller Seelenruhe. Schließlich fand er es auch – wie er vermutete – inmitten der Stadt. Als er sich eben hinaufschwingen und davonreiten wollte, kamen die Häscher aus dem Schatten des Bürgermeister-Hauses und ergriffen ihn.

Dort, wo er so übel gewütet hatte, mußte er nun selbst dran glauben, und dafür hatte die mutige Magd gesorgt, die – so hoffen wir – ihren neuen Rock auch ohne das Barett erhalten hat.

Eine der Klosterfrauen jedoch fand keine Ruhe. Sie war fortan als weiße Frau das Stadtgespenst von Bremen. Ängstliche mögen sich noch einmal den Anfang der Geschichte vergegenwärtigen: Die spukende Dame ist aber schon seit langem nicht mehr gesehen worden.

Wie der Herzog Benno von Sachsen
ausgetrickst wurde, und
was der Krüppel zu Rolands Füßen
damit zu tun hat

Es war um die Zeit, als die Bremer allen Anlaß hatten, sich vor den rauf- und raublustigen Normannen zu fürchten, und der Erzbischof Libentius deswegen die Domburg auf der Düne verstärken ließ. Und es war, in den ersten Jahrzehnten des 11. Jahrhunderts, als auch der Bremer Freimarkt gegründet wurde – da lebte in Lesum die Gräfin Emma, die den Bremern, wie fast jeder weiß, die Bürgerweide geschenkt hat.

Es wird erzählt, daß diese überaus fromme und mildtätige Frau eines Tages in Begleitung des Herzogs Benno von Sachsen, der ihr Schwager war, durch Bremen ritt und bei der Gelegenheit von einer Abordnung der Bremer Bürgerschaft begrüßt wurde.

Man tauschte, wie es sich gehört, ein paar Artigkeiten aus, klagte ein bißchen über das Wetter, das in Lesum auch nicht viel besser war als in Bremen und kam beiläufig auf die Bürgerweide zu sprechen. Die hieß damals natürlich noch nicht Bürgerweide, denn es war fruchtbarer Boden, der der Gräfin gehörte. Und so brachten die Bremer nicht ohne Absicht das Gespräch darauf, denn sie wünschten sich ein Stück dieses fetten Weidelandes, für ihre Viehherden.

Es wird wohl so gewesen sein, daß die Bremer der mit höflicher Aufmerksamkeit lauschenden Emma vorjammerten, sie wüßten nicht mehr wohin mit ihrem Vieh. Es sei ja auf die Dauer auch keinem Menschen zuzumuten, im Sommer wie im Winter mit Kühen und Schweinen die gute Stube zu teilen, und überhaupt – ob die Gräfin nicht einen Ausweg wisse.

Die arglose Dame, die sich mehr mit dem lieben Gott und weniger mit den listigen Menschen beschäftigte, tapste – zum Entsetzen ihres Schwagers Benno, der schon ahnte, worauf alles hinauslief – glatt in die Falle und antwortete den Bremern, sie wisse eigentlich auch nicht, wie man dem Übelstand begegnen könne. Aber sie würde gern helfen und erwarte entsprechende Vorschläge.

Ja, da hätten sie wohl einen – rückten nun die Bremer nach einigem Zögern, einer Anstandspause sozusagen, mit der Sprache heraus. Wie es denn wäre, wenn die verehrte Gräfin ihnen ein Stück von ihrem Weideland schenke, das sich so verlockend vor den Bremer Toren erstrecke.

Und die Rechnung der Bremer ging auf. Die Gräfin war sofort dazu bereit und versprach ihnen soviel Land, wie ein Mann in einer Stunde umgehen könne. Sie hatte dabei allerdings nicht mit dem finster blikkenden Benno gerechnet, der nämlich ihr Erbe war und infolgedessen eine solche Schenkung für die reinste Verschwendung hielt. Höhnisch fragte er, warum sie den Bremern dann nicht gleich ein Stück Land geben wolle, wie ein Mann in einem Tag umgehen könne. Die Gräfin hörte sich das gelassen an und erwiderte trocken, das sei eine gute Idee, und so sollte es geschehen. Und damit auch alles seine Ordnung habe, sollte Benno die Sache in die Hand nehmen.

Benno, ein listenreicher Bursche, der sich so rasch nicht die Butter vom Brot nehmen ließ, schluckte zweimal und meinte dann: Er sei einverstanden. Ohne mit der Wimper zu zucken bestimmte er – einen

Krüppel, der sich kaum von der Stelle bewegen konnte, das den Bremern zugedachte Weideland zu ermitteln.

Die Bremer erhoben nach einigen Sekunden verdatterten Schweigens ein fürchterliches Wehgeschrei, denn sie konnten sich gut vorstellen, wie weit es der Krüppel an einem Tag wohl bringen würde. Doch die Gräfin beruhigte sie, stieg vom Pferd, legte dem Krüppel die rechte Hand auf den Scheitel und sprach ein Gebet. Danach schickte sie ihn auf den Weg, und siehe da, der eben noch nahezu Bewegungsunfähige entwickelte ungeahnte Kräfte. Noch ehe der Tag zu Ende gegangen war, hatte er ein Gebiet umrundet, das die heutige Bürgerweide mit der Stadthalle und den ganzen Bürgerpark umfaßt.

So also kamen die Bremer zu ihrer Bürgerweide, die sie vom Herdentor aus erreichten jenem Tor also, durch das von da an die Viehherden getrieben wurden. Die Straße, die den Schweinen auf ihrem Weg zur Weide vorbehalten war, heißt noch heute Sögestraße, was niederdeutsch ist und hochdeutsch Schweinestraße bedeutet. Es ist eine feine Einkaufsstraße der Bremer geworden. An die Schweineherden erinnert eine im Jahre 1974 aufgestellte Bronzegruppe von Peter Lehmann, die inzwischen ebenso häufig fotografiert wird wie die Bremer Stadtmusikanten am Rathaus und der Roland auf dem Markt.

Eben dieser Roland aber hat auch etwas mit unserer Geschichte zu tun. Als die Bremer ihn im Jahre 1404 aus Stein erbauten - knapp 50 Jahre vorher war ihr hölzerner Roland von den Knechten Erzbischofs Albert II. verbrannt worden -, da setzten sie auch dem Krüppel ein Denkmal. Er liegt – man sieht ihn noch heute – zu Füßen des Riesen.

Freilich, ein bißchen windig ist die Behauptung, es handele sich um den bewußten Krüppel, schon, denn sicherlich haben die Bremer im Jahre 1404 gar nichts oder nur sehr Verschwommenes über die Gräfin Emma gewußt, und die Sache mit der Bürgerweide steht auch nirgends geschrieben.

Richtiger ist wohl, daß der Krüppel symbolische Bedeutung hat – er ist in Wirklichkeit ein enthaupteter Missetäter und weist auf die Kriminalgerichtsbarkeit der Bremer hin.

Symbolhaft ist fast alles am Roland: Die Handschuhe stehen für Marktgerechtigkeit und Marktfrieden, das bloße Schwert ist die Gerichtsbarkeit über Hals und Hand, das entblößte Haupt symbolisiert den Respekt der Bremer vor dem Kaiser – sein Standort auf dem Markt wurde gewählt, weil dort einst Gericht gehalten wurde. Dem Dom und dem Erzbischof bietet er die Stirn.

Im übrigen sind die Bremer der Ansicht, daß ihre Stadt frei und unabhängig bleibt, solange der Roland steht. Damit hängt auch sein Geburtstag am 5. November zusammen – dieser Tag erinnert an jenen 5. November 1813, als der General Tettenborn Bremen von den Franzosen befreite und die Stadt die Unabhängigkeit zurückbekam.

Um aber die Sache mit der Gräfin Emma abzuschließen: Der böswillige Herzog Benno, der hat am Ende nicht einen Pfifferling geerbt. Seine Schwägerin hat all ihr Land der Kirche vermacht ...

... sagt man.

Was die drei alten Jungfern
vom Ansgarii-Turm mit dem Fegen
der Domtreppen zu tun haben

Manchmal, in mondhellen Nächten, sah man drei alte Jungfern auf dem spitzen Turm der Ansgarii-Kirche sitzen, fleißig damit beschäftigt, den »Knopf«, wie man in Bremen die Spitze des Turmes nannte, zu putzen.

Es ist nicht überliefert, wann sie zum ersten Male gesichtet wurden. Und es ist auch nicht mehr nachzuprüfen, denn die Ansgarii-Kirche – Sunt Scharfes, wie die Bremer sie nannten, gibt es nicht mehr. Die dem heiligen Ansgar, dem Apostel des Nordens, geweihte Kirche, deren mächtiger Westturm, mit 103 Metern der höchste Kirchturm in Bremen, im 14. Jahrhundert errichtet wurde, ist bei einem Luftangriff im Jahre 1944 zerstört worden. Heute steht dort ein Kaufhaus, wo sich Sunt Scharjes erhob.

Mit der Kirche sind auch die drei alten Jungfern verschwunden, und wir gehen einfach mal davon aus, daß sie ihre nutzlose wie aufreibende Tätigkeit auf der Turmspitze von Anfang an ausgeübt haben. Aus dieser Überlieferung aber hat sich ein Brauch entwickelt, der bis in die heutige Zeit gepflegt wird.

Denn die drei alten Jungfern haben ja nicht aus reinem Übermut oder grenzenloser Putzsucht da oben gesessen. Sie mußten es tun, denn sie waren – was in alten Zeiten als unverzeihlich galt – dreißig Jahre alt geworden und unvermählt geblieben.

»De mutten up'n Scharstorm stiegen un den Knoop putzen«, sagten die Bremer, und in feinsinniger Umschreibung pflegten sie Mutmaßungen über das Alter offensichtlich nicht mehr ganz jugendfrischer Mädchen so zu äußern: »De kann wol all den Knoop putzen!« Für alberne Puten, die mit kindlichem Getue ihr Alter zu retuschieren versuchten, hielt der allemal auf Treffsicherheit bedachte Volksmund den Satz parat: »Se hett sich wi'n sugend Kind un kann woll all den Knoop putzen.«

Aufmerksame Leser werden sich schon denken können, wohin die Reise geht: Zu jenen Junggesellen nämlich, die – dreißig Jahre alt geworden und ohne Aussicht auf baldigen Ehestand – in Bremen die Domtreppen fegen müssen.

Heinrich Hellmers, ein Volksschriftsteller, hat schon gegen Ende des 19. Jahrhunderts berichtet, daß Bremer Junggesellen, die das 30. Lebensjahr vollendet hatten, um »Klock twölf middags in Hemdsärmel den Domshoff affegen« müssen.

Später ist der Brauch eingeschlafen und erst so richtig in der Zeit nach 1945 wieder aufgelebt, wobei das Fegen nur eine untergeordnete Rolle spielt, was schon darin zum Ausdruck kommt, daß nicht mehr der ganze Domshof gefegt werden muß. Mit den Domtreppen läßt man's genug sein.

Viel wichtiger als das Fegen sind die Drehorgelmusik – die Drehorgel leiht man sich im Schnoor –, der freigebig an Freunde wie auch an zufällig des Wegs kommende Fremde ausgeschenkte Schnaps und – der Kuß, mit dem der dreißigjährige Hagestolz von einer Jungfrau erlöst wird, erlöst von seinen Leiden als Domtreppenfeger.

Beiläufig sei erwähnt, daß die Jungfern vom Ansgarii-Kirchturm nicht nur männliche Nachfolger bekommen haben. Ihre Nachfolgerinnen werden heutzutage dazu verdonnert, die Klinken der Domtüren zu putzen.

Der Brauch stammt aus jenen Zeiten, da die Erde noch nicht übervölkert war. Menschen, die sich nicht an der Fortpflanzung beteiligt hatten, wurden damals verspottet und nach ihrem Tode an unbequeme Orte verbannt, wo sie – ihrer sinnlosen Lebensführung entsprechend – völlig überflüssige Arbeiten verrichten mußten.

Der Brauch war in vielen Teilen Europas zu Hause. Die typisch bremische Variante ist die, daß eben auch die Männer nicht ungeschoren davonkommen.

Das Jahr, in dem der Dachdecker
vom Bremer Dom herunterfiel*

* Lassen Sie sich durch wissenschaftliche Veröffent-
lichungen nicht irritieren. Lesen Sie das Nach-
wort zu diesem Kapitel!

An einem Sommertag des Jahres 1450, kurz vor dem Mittagsläuten, fiel ein junger Dachdecker vom Dach des Bremer Doms hinunter und brach sich den Hals.

Seine Kollegen, die den Vorfall beobachtet hatten, ohne jedoch das Unglück noch hätten abwenden können, versammelten sich um den Toten und beratschlagten, was mit ihm zu geschehen habe.

Man kam zu keinem vernünftigen Ergebnis, denn wenn auch der Rufname des Verunglückten bekannt war, so wußte man doch nicht, woher er gekommen und wer seine nächsten Angehörigen waren. Und weil soeben das Mittagsläuten erklang, was automatisch zur Folge hatte, daß sich Hunger in den Bäuchen der Kameraden meldete, wurde einstimmig der Beschluß gefaßt, die Sache erst einmal auf sich beruhen zu lassen und den Toten solange in einen wenig benutzten Raum des Domes zu legen. Er hatte ja nun Zeit und mochte warten, bis man sich über sein weiteres Schicksal einig geworden war.

Und dort blieb er dann liegen. Die Kollegen vergaßen ihn, halfen vielleicht auch ein bißchen nach, ihn zu vergessen, um nicht mehr an die lästige Leiche im Domkeller denken zu müssen, und ahnten nicht, daß sie damit die Gründer des Bremer Gruselkabinetts wurden, das heute in der ganzen interessierten Welt als Bleikeller bekannt ist.

Ihre Namen weiß man nicht. Und es sollte an dieser Stelle auch gesagt werden, daß weder der genaue Tag noch das Jahr des Unglücks bekannt sind. Man weiß nur ungefähr, daß es so um 1450 herum gewesen sein muß.

Vielleicht auch schon im Jahre 1430, als die Sache mit dem Bürgermeister Vaßmer passierte. Vaßmer war ein hochangesehener Mann, der – in guter Absicht und in Sorge um das Wohl Bremens – zwischen die Fronten zweier sich befehdender Raths-Parteien geraten war und am 7. Juni 1430, morgens gegen sechs Uhr, in den Hurrelberg gebracht wurde, dem unterirdischen Gefängnis in der Hakenstraße. Es wurde Klage gegen ihn erhoben – einer der Ankläger war sein eigener Schwiegersohn –, und er wurde, trotz Fürsprache von höchsten Stellen, zum Tode verurteilt. Man führte ihn zum Ostertor hinaus auf den St.-Pauls-Berg, wo ihm das »silbergelockte Haupt vom Rumpf« getrennt wurde.

Seinem Sohn Heinrich ließ dieses im Namen des Rathes begangene Verbrechen keine Ruhe. Er fiel dem Kaiser Sigismund buchstäblich auf die Nerven mit seinem Wunsche nach Vergeltung, reiste ihm bis Ungarn nach, wo er sich dem Kaiser in einem Wald in den Weg stellte, ihm sein Leid klagte und um Recht flehte, das ihm endlich auch gewährt wurde. Für Bremen brachen böse Zeiten an, und die gelindeste Strafe war wohl noch die, daß die Bremer an jenem Ort, an dem der alte Vaßmer gestorben war, einen Stein setzen mußten. Er steht in der Straße Beim Steinernen Kreuz.

Vielleicht passierte die Sache mit dem Dachdecker auch in den Jahren nach 1445, als der Tod unter den Bremern ohnehin reiche Ernte hatte und ein unbekannter Dachdecker leicht in Vergessenheit geraten konnte.

Die Bremer schlugen sich damals im Krieg gegen Philipp den Gütigen, den Herzog von Burgund, und verrichteten – wie vom Kriegsschauplatz berichtet wurde – »Wunder der Tapferkeit«. Auch in der Fehde zwischen den Grafen Gerhard von Oldenburg und Moritz von Delmenhorst mischten die Bremer mit, wobei sie zu den Delmenhorstern hielten. Am Ende wurden die Bremer nach einem Kriegszug ins Oldenburgische von den Oldenburgern in einem Moor erwischt, über tausend Mann wurden gefangen genommen, getötet, oder sie versanken im Moor. Es war »die größte Niederlage, so die Bremer je erlitten hatten«.

Sie alle, die vielen Toten, wurden in Bremen beweint und betrauert. Der eine aber, den die Bremer vergessen hatten, der überstand die Zeit in seiner irdischen Hülle und ist noch heute zu sehen. Freilich, er liegt längst nicht mehr allein. Im Jahre 1590 gesellte sich ihm Lady Stanhope zu, Mitglied einer bis in die Zeit Heinrichs III. zurückreichenden sehr feinen englischen Familie, die in den Grafschaften Nottingham und Derby ansässig war und im Jahre 1497 die Ritterwürde erhalten hatte. Die Dame wird auf Reisen gewesen sein, und ihre Überführung nach England mag wohl Schwierigkeiten bereitet haben, so daß man sie fürs erste in den Domkeller legte, dessen geheimnisvolle und bis auf den heutigen Tag nicht zu erklärenden Kräfte damals schon bekannt waren. Der vergessene und unversehrt gebliebene Dachdecker war nämlich Jahrzehnte nach seinem Tode gefunden worden, als man im Keller lagernde Bleiplatten für eine wieder einmal erforderlich gewordene Reparatur des Daches holen wollte.

Lady Stanhope bekam nach dem Dreißigjährigen Krieg angemessene Gesellschaft in Gestalt des schwedischen Generals von Winsen und seines im Duell erstochenen Adjutanten. Zehn Jahre später vergrößerte sich die Runde um eine schwedische Gräfin. Im 18. Jahrhundert schließlich kamen ein bei einem Duell gefallener Student, ein englischer Major und der bremische Arbeiter Konrad Ehlers dazu. Der Stein-Sarkophag wurde für den im Jahre 1730 gestorbenen schwedischen Kanzler von Engelbrechten angefertigt.

Mit Ausnahme dieses Kanzlers, der überhaupt ganz verschwunden ist, liegen alle in mit Glas abgedeckten Särgen – für jedermann zu besichtigen in ihrer Unversehrtheit, auch für die Bremer, die freilich ein etwas gebrochenes Verhältnis zu ihrem Bleikeller haben. Ein Bremer, der auf sich hält, geht da nicht hin.

Im »Neuesten Wegweiser durch Bremen und seine Umgebung von 1884« heißt es: »Eine Merkwürdigkeit, welche schaulustige Reisende auf echt englische Manier nicht versäumen müssen zu besehen, ist der Bleikeller unter dem Dome, in welchem sie sich den Appetit zum Mittagessen verderben können ...«

Nachwort

Sie müssen zugeben, daß dieses eine gut zu erzählende Geschichte ist. Sie hat nur einen Fehler: Sie stimmt stellenweise gar nicht. Jedenfalls behauptet das

Wilhelm Tacke in seinem Buch »Bleikeller im Dom zu Bremen«. Tacke sagt zum Beispiel, daß der Dachdecker gar nicht vom Domturm gefallen und auch gar kein Dachdecker gewesen sei, sondern ein hinterrücks erschossener Offizier. Tacke ist überzeugt davon, daß er Beweise für seine Theorie hat, und wir glauben es ihm gern. Aber, offen gestanden, wir finden unsere Geschichte viel schöner. Und darum bleiben wir dabei.

Warum der junge Friesenhäuptling Gerold in Bremen am Dom sterben mußte

Dieses hätte eine Liebesgeschichte werden können – aber leider wurde ein Trauerspiel daraus. Folgendes war geschehen: In jener Zeit, im 15. Jahrhundert, da alle Friesen und namentlich die Bewohner von Butjadingen in den Augen bremischer Kaufleute Seeräuber und sonstiges Gelump waren, hatten zwei Brüder, Dudo und Gerold, junge Friesen-Häuptlinge, die bremische Zwangsfeste Esensburg mit dem Ziel überfallen, für sich und ihre Leute die Freiheit zu gewinnen.

Die Sache ging aber voll daneben. Die beiden Brüder wurden gefangen genommen und gefesselt nach Bremen geführt, wo man ihnen kurzen Prozeß machte, der mit dem Todesurteil für beide endete.

Nun geschah es aber, daß die Tochter eines Ratsherrn sich in den jüngeren der beiden Brüder, in Gerold, verguckt hatte und nichts sehnlicher begehrte, als ihn zu ihrem Gemahl zu machen und auf den ehrbaren Weg eines Bremer Bürgers zu führen.

Der Ratsherr und Vater fand die Idee – nach anfänglichem Zögern – gar nicht so übel. Es konnte schließlich nicht schaden, Verwandte in Butjadingen zu haben. Außerdem fiel es ihm auch wohl schwer, seiner Tochter einen Wunsch abzuschlagen. Er setzte jedenfalls durch, daß dem Gerold auf der Richtstätte beim Dom – nachdem das Haupt seines Bruders Dudo bereits gefallen war – der Vorschlag unterbreitet wurde, den Bürgereid zu leisten, die in ihn verliebte Tochter des Ratsherrn zu ehelichen und damit sein Leben zu retten.

Ob nun Gerold die Aussicht auf eine lebenslange Ehe an der Seite der betreffenden jungen Dame nicht besonders verlockend fand, oder ob er wirklich ein über die Maßen stolzer Friese war, das wissen wir nicht – er kniete jedenfalls nieder, hob das Haupt seines Bruders zu seinem Munde und drückte »den letzten Kuß der Bruderliebe auf den zuckenden Mund«, wie es in einer späteren Schilderung dieses Vorganges heißt.

Die Zuschauer waren gerührt, einige weinten, andere riefen laut, man möge den jungen Burschen doch in Gottes Namen laufen lassen. Doch der alte Ratsherr Ballehr, ein starrsinniger Kerl und Spielverderber, trat vor und sagte: »Glaubt Ihr, Leute, daß der Kuß, den er gedrückt auf die zuckenden Bruderlippen, je verwischt werde aus seinem Gedächtnisse? Er wird bleiben unser Feind, so lange ein Tropfen Friesenblutes in seinen Adern rinnt!«

Die Worte des Alten aber wurden – zur Überraschung aller – unterstützt durch den jungen Friesen-Häuptling selbst. Der trat stolz erhobenen Hauptes vor und sprach: »Ich bin ein freier Friese und verlange Eure Pelzer- und Schustertöchter nicht! Doch so Ihr Krämer wollt, will ich meinen Kopf mit zwei Kannen Goldgulden lösen!«

Und es geschah, was geschehen mußte: Die Bremer, eben noch zu Tränen gerührt über das Verhalten des jungen Mannes, waren empört über seine anmaßenden Worte und forderten sein Blut. Der Henker waltete seines Amtes.

Über die Tochter des Ratsherrn und darüber, was aus ihr geworden ist, schweigt der Chronist.

Wie die Bremer Kaufleute
einen friesischen Ritter gezwungen haben,
sie zu grüßen

Sie waren einander nicht grün, die Handelsherren der Hansestadt Bremen und der Häuptling Balthasar von Esens aus dem Geschlecht der Sibet Omken, der seit dem Jahre 1522 im Harlinger Land regierte.

Mal zwickte der ebenso schlitzohrige wie rauflustige Balthasar die Bremer, indem er ihnen Schiffe wegnahm, mal griffen sich die Bremer ein paar Leute des friesischen Häuptlings, um sie in Bremen als Seeräuber vor Gericht zu stellen, was meistens damit endete, daß der Henker zu tun bekam.

Einmal kaperten die Bremer drei mit Bier beladene Schiffe des Ritters, aber nur zwei davon kamen in Bremen an. Auf dem dritten hatten sich die Bremer einen kräftigen Rausch angetrunken, nicht jedoch bedacht, daß ihre Gefangenen, Balthasars Gefolgsleute, nichts von der Beute abbekommen hatten und demzufolge nüchtern geblieben waren – was sich für die Bremer katastrophal entwickelte. Sie wurden von den Friesen überwältigt und nach Esens gebracht.

Im Jahre 1540 schlug dann Balthasars letzte Stunde. Bremer Kriegsvolk belagerte ihn in seiner Hauptstadt, schoß den Ort mit 24 Kanonen in Brand und konnte ihn schließlich auch erobern. Doch der alte Fuchs ließ sich nicht fangen. Er legte sich rechtzeitig hin und starb eines natürlichen Todes.

Die Bremer jedoch hielten sich schadlos, indem sie die Rüstung des Ritters, den sie als Seeräuber gewertet wissen wollten, nach Bremen schleppten. Im Schütting, dem Haus der Kaufleute, wurde sie aufgestellt, ein Holzkopf hineingesteckt und durch Hebelzüge in die Lage versetzt, die Besucher des Hauses, sobald sie eine bestimmte Treppenstufe betreten hatten, durch Aufklappen des Visiers und Heben der Lanze zu grüßen - ein rauher und stolzer Friesen-Ritter als Complimentarius, eine böse Rache.

Die Rüstung steht heute im Bremer Landesmuseum für Kunst- und Kulturgeschichte, den gestandenen Einheimischen immer noch unter dem Namen »Focke-Museum« besser bekannt als unter der neuen, vom Senat verordneten Bezeichnung. Die von Esens aber behaupten unverdrossen, die Bremer hätten damals eine falsche Rüstung erwischt, keinesfalls jene des Balthasar, was sie freilich nicht daran hinderte, sie sich auszuleihen - als Modell für eine Junker-Balthasar-Brunnenfigur.

Was der Neandertaler
im 17. Jahrhundert zu suchen hat,
und in
welcher Beziehung er zu Bremen steht

Der bremische Name Neander, der auch heute noch seinen Platz im Adressbuch der Stadt hat, steht selbstverständlich in enger Beziehung zum Neandertaler. Trotzdem wäre es jedoch verkehrt, ihn von dorther abzuleiten.

Es ist nun einmal nicht so, daß der Bremer Herr Neander – es kann auch Frau Neander sein – seinen Namen über Generationen von Ur- und Urgroßvätern dem Neandertaler verdankt, der – wie man weiß – vor etwa 150.000 Jahren auch in Bremen auf Urelefantenjagd ging. Vielmehr verdankt eben jener Neandertaler seinen Namen den Neanders aus Bremen. Um es ganz genau zu sagen: dem Herrn Joachim Neander, der im Jahre 1650 in Bremen geboren wurde und schon in jungen Jahren auf eine erfolgreiche Tätigkeit als Pastor zurückblicken konnte.

In den Jahren 1674 bis 1679 wirkte Joachim Neander als Rektor an der Lateinschule in Düsseldorf. Berühmt aber wurde Neander durch seine beiden Hobbies. Er schrieb und komponierte in seiner Freizeit Kirchenlieder und ist unter anderem der Autor von »Lobe den Herren, den mächtigen König der Ehren«. Wenn er gerade mal keine Kirchenlieder schrieb, wanderte er.

Während einer solchen Wanderung in der Nähe von Düsseldorf entdeckte er eines Tages ein wildromantisches Tal, dem die Düsseldorfer später den Namen Neandertal gaben. In einer dort befindlichen Höhle wurde im Jahre 1856 ein menschliches Skelett gefunden: der Neandertaler.

Das aber wußte Joachim Neander nicht, als er im Jahre 1679 in seine Heimatstadt Bremen zurückkehrte. Er wurde Pastor an St. Martini. Sein Leben stand damals bereits vor der Vollendung: Am 31. Mai 1680 ist er gestorben. Das Pfarrhaus neben dem Chor der Martinikirche ist nach ihm benannt.

Warum Hinrich Julius Rischmüller
wegen der französischen Revolution
in wirtschaftliche Schwierigkeiten geriet
und der Postmeister Anthony den
kaufmännischen Lehrlingen keine Briefe
mehr ausliefern wollte – dazu einige andere
zeitgenössische »Merk«-würdigkeiten

Der Perückenmacher Hinrich Julius Rischmüller zu Aumund verstand die Welt nicht mehr. Was gestern für ihn noch gültig gewesen war und als Grundstock für ein in bescheidenem Wohlstande dahinfließendes Leben gedient hatte, das war heute keinen Pfifferling mehr wert. Kurzum, der Perückenmacher Hinrich Julius Rischmüller war um die Mitte des Jahres 1796 in wirtschaftliche Schwierigkeiten geraten. Niemand verlangte mehr nach seinen Perücken.

Das durfte allerdings nicht auf ein plötzliches Nachlassen der Rischmüllerschen handwerklichen und in gewissem Maße auch künstlerischen Fähigkeiten zurückgeführt werden. Rischmüllers Haartrachten waren so sauber gearbeitet wie eh und je. Aber die Zeit der Perücken war einfach vorbei. Es galt mit einem Male als in höchstem Maße antiquiert, eine Perücke zu tragen. Und diesen Verfall der feinen Sitten, Hinrich Julius Rischmüller wußte es genau, verdankte er der Revolution in Frankreich, von der er nie viel gehalten hatte, obwohl es ihm noch vor ein paar Monaten nicht im Traume eingefallen wäre, daß sie – die sich doch so weit weg von Aumund abspielte – ihn an den Bettelstab bringen könnte.

Rischmüller stand mit seiner von Anfang an abfälligen Meinung über die französische Revolution allerdings im Lager einer Minderheit. In gebildeten Kreisen, auch in Bremen, äußerte man sich in zum Teil begeisterten Kommentaren über die Vorgänge in Frankreich, und einfachere Leute glaubten gar, die Zeit sei nun auch für sie reif, und es brauche nur etwas Rabatz gemacht zu werden, um die alte Ordnung zu stürzen.

In Bremen gingen die Maurergesellen auf die Straße, rotteten sich zusammen, zogen in Scharen zum Marktplatz, schrien und lärmten und – landeten schließlich im Gefängnis. Sie wurden erst wieder entlassen, nachdem »sie vorab ihre in der Heftigkeit der Leidenschaft begangenen Verirrungen ernstlich zu bereuen erklärt« hatten. Ein hochweiser Rath nahm den Vorfall zum Anlaß, den Bürgern die unangenehmen Folgen vor Augen zu führen, nämlich Gefängnis-, Leib- und Lebensstrafen, mit denen sie bei Aufruhr und »dergleichen Unfug« unweigerlich zu rechnen hatten. Denn, so teilte der Rath mit, es müsse ja wohl allgemein bekannt sein, daß eine gewissenhafte Befolgung und Handhabung der Gesetze die »Grundsäule des Glücks aller Staaten« bilde.

Den Bremern, zumindest jenen, die sich eines mehr oder weniger zufriedenstellenden Einkommens erfreuten und unter anderem auch die »Bremer Wöchentlichen Nachrichten« halten konnten, ging es in jenen Jahren des ausgehenden 18. Jahrhunderts gar nicht schlecht, wenngleich auch der Mensch jener Tage das Glück nicht gepachtet hatte und ein Mann namens Diterich viel Geld mit einem Buch verdiente, das er »Die Unterweisung zur Glückseligkeit« nannte.

Immerhin, in den Geschäften in der Langenstraße, in der Sögestraße und in der Knochenhauerstraße gab es, was das Herz begehrte. Papendiek & Höpken in der Knochenhauerstraße boten Zitronen, Pomeranzen, Brunellen, italienische Macronen, Parmesan, Edamer, Rund- und Spitzmurcheln, Champignons und grüne Pflaumen feil. Beim Schiffer Christian

Meyer auf der Langenstraße gab's feines Öl in Gläsern, französische Früchte in Branntwein, Apfelgelee in Töpfen, feine Kapern, Oliven und Sardellen, englische Seife und englischen Senf. Philip Sullan hatte gute Berliner Krebse, ganz billig, und bei Sengstacke auf der Sägestraße konnte man frisch geräucherten Rheinlachs, fett und von der besten Sorte, kaufen, Zitronen aus Lissabon, große süße Apfelsinen und Cichorien aus Braunschweig.

Ihren Tee ließen sich die Bremer damals aus Kopenhagen schicken, ihren Kaffee aus Domingo und Martinique, Mettwurst aus Braunschweig, Erbsen, graue, gelbe, weiße, große, aus Thedinghausen, Mehl aus England, Pflaumen aus Frankreich, Salz aus Liverpool, Käse aus Weener und Mineralwasser aus Fachingen, bei hellem und schönem Wetter gefüllt, »unverfälscht und ächt.«

Johann Ehrhard Kröger handelte damit, jener Kröger, der wohl einer der ersten Bremer war, die es für angebracht hielten, die Geburt eines Kindes in den »Wöchentlichen Nachrichten« bekannt zu geben. Krögers hatten eine Tochter bekommen.

Keine Frage: es wurde Wert auf Lebensart gelegt. Man bezog feines Dresdner Porzellan mit »sehr schöner Mahlerey von Blumen und Landschaften«. Man ließ sich Kleider aus edlen englischen Tuchen anfertigen, ließ sich von Uhren die Zeit ansagen, welche acht Tage gingen, ohne daß man sie aufzuziehen brauchte, und die obendrein die Harfe spielten. Man hielt sich einen Hund. Einen Mops vielleicht, einen Spitz, einen Pudel, einen Hühnerhund oder ein Windspiel. Es wurde viel Tabak geraucht. Die Konzerte im Börsensaal waren durchweg gut besucht – etwa wenn Herr Garat verschiedene ernsthafte und komische Arien sang, Herr Rode die neuesten geschmackvollen Tonstücke auf der Violine vortrug oder die achtzehnjährige Demoiselle Brouwer, Sängerin und auf dem Wege nach Berlin, gemeinsam mit ihrem Oheim und Lehrer, dem Kapellmeister Graf aus dem Haag in Holland, ein Vokal- und Instrumentalkonzert gab, Einlaß um halb sechs, die Eintrittskarte zu 36 Grote.

Auf den Partys der besseren Gesellschaft wurde zu jener Zeit sehr viel musiziert und gemeinsam gesungen. Zum Beispiel das schöne Lied »Auf, hascht am Rosensaume den Lenz!« Und die alte Frau Papendiek flüsterte ihrer Nachbarin zu, sie könne sich immer noch nicht mit dem Tode des guten Freiherrn von Knigge abfinden, dessen Hauskonzerte doch immer wunderschön gewesen seien.

Der Freiherr von Knigge, dessen Grabstein im Bremer Dom zu sehen ist – zu Füßen einer überlebensgroßen und in Bremen kaum bekannten Rolandfigur –, war 1791 nach Bremen gekommen, als hannoverscher Oberamtmann und Scholarch der Domschule. Im Mai 1796 war er nach schwerer Krankheit gestorben. Beiläufig sei erwähnt, daß er die Anregungen zu seinem Bestseller »Über den Umgang mit Menschen« nicht in Bremen gefunden hat. Das Buch entstand bereits im Jahre 1788, zu einer Zeit, da Knigge in Hannover lebte.

Immerzu blieben irgendwo Regenschirme stehen, vorzugsweise in Schankwirtschaften und Kirchen. Man las »Der neue Froschmäusler – ein Heldengedicht in drei Büchern«, das es bei Wilmans in der Katharinenstraße zu kaufen gab, und diskutierte Stolzes »Erläuterungen zum neuen Testament für geübte und gebildete Leser«. Bei Wilmans gab es auch »Der Tempel der Freyheit« zu kaufen, eine »tragische Szene unseres Zeitalters«. Und politisch Interessierte erwarben für 30 Grote die Schrift »Über Preußens wahres Interesse bei der heutigen Lage der Dinge«.

Man traf sich bei Simon Bokelmann in der Großen Hundestraße, denn Bokelmann hatte sich soeben ein Billard angeschafft. Bei Friedrich Kreber in der Pieperstraße wurde »ächter Nordhäuser Liqueur« ausgeschenkt. Außerdem lagen da die »Hamburgische unpartheiische Nationalzeitung« und das »Leipziger Journal für Fabrik, Manufactur, Handlung und Mode« aus, in dem zum Beispiel die von England kommende neue Kindermode gepriesen wurde.

Bisher war es ja üblich gewesen, die Kinder nach Art der Erwachsenen zu kleiden, was wie es hieß – äußerst ungesund sei. Es wurde den geneigten Lesern empfohlen, die Kinder nicht mehr einzuschnüren und sie stattdessen mit bloßem Kopf und bloßen Füßen umhertollen zu lassen. Auch wurde der Anatom Sömmering zitiert, der den Frauen wegen der Schädlichkeit der Schnürbrust ins Gewissen redete. Es wurde gegen die hohen Absätze der Damenschuhe gewettert und gegen die engen Beinkleider der Herren.

England diktierte die Mode. Die Pariserinnen spielten verrückt und zogen sich nicht mehr an, sondern aus. Die Bremer Herren, die das alles bei Kreber in der Pieperstraße zur Kenntnis nahmen, wußten nicht genau, ob sie es beruhigend oder bedauerlich finden sollten, daß das Schicksal ihnen einen Platz im sittenstrengen Bremen zugewiesen hatte.

Paris jedenfalls war weit und nur auf ganz schlechten Straßen zu erreichen. Wer es sich überhaupt leisten konnte zu reisen – und die damit verbundenen Strapazen nicht scheute, der reiste nach Pyrmont oder nach Nenndorf, obwohl jedermann wußte, daß Pyrmont zum Beispiel nicht nur ziemlich schmutzig war, sondern auch teuer. Das Essen galt allgemein als schlecht, die Bedienung als schlampig. Und wer im Kursaal Licht haben wollte, der mußte die Kerzen extra bezahlen.

Der Miniaturmaler Strauß war in der Stadt. Er hatte sich bei Krämer Lampe am Markt einquartiert und wollte für ein paar Wochen bleiben. Er fertigte auf Wunsch auch Silhouetten an. Der Gastwirt Niemannd vom Kaffeehaus am Teiche hatte den Koch des Herzogs von York engagiert und konnte seinen Gästen infolgedessen »Table d'hôte« wie auch Portionen bieten, dazu die neuesten deutschen, holländischen und französischen Zeitungen. Ein »schöner grüner Papagei, am Kopfe mit roten Federn, ein recht munteres Tier, welches verschiedenes Deutsch spricht,« war zu verkaufen. Die Witwe Garbes war am 25. des Monats im Alter von 106 Jahren gestorben.

So lagen denn auch in Bremen das Erfreuliche und das Betrübliche dicht beieinander, und es waren nicht allein die Hinterbliebenen der Witwe Garbes, die ja schon gar nicht mehr mit dem Tode

der alten Dame gerechnet hatten, und der Perückenmacher Hinrich Julius Rischmüller, die einen Anlaß
sahen, traurig zu sein oder mit ihrem Schicksal zu
hadern.

Der Tuchhändler Jacob Rösing und seine Frau
Anna geborene Tribbe (vom Kuchenbäcker Hinrich
Tribbe aus der Langenstraße die Tochter) verloren
ihr dreijähriges jüngstes Kind, ein Mädchen, durch
Keuchhusten, wie überhaupt die Kindersterblichkeit
– hervorgerufen durch Brustentzündung, Masern,
Blattern und den sogenannten Backenstich, der sich
durch Krämpfe äußerte – recht groß war.

Der sechzehnjährige Sohn des Holzhändlers John
Arend Hoyern war auf einer Geschäftsreise nach
Nienburg ins Wasser gefallen und ertrunken. Ein
Unglücksrabe hatte auf dem Weg von der Hohen-
thorstraße nach der katholischen Kapelle einen grü-
nen Geldbeutel mit etwa 80 Thalern in Pistolen
und Dukaten verloren. Und der Ober-Postmeister
Anthony vom Königlich Großbritanischen und
Churfürstlich Braunschweig-Lüneburgischen Post-
Amt hinter der katholischen Kirche – es gab noch
das Kaiserliche Reichs-Post-Amt an der Domsheide
und das Stadt-Post-Amt in der Katharinenstraße –
beschwerte sich bei der hochlöblichen Kaufmann-
schaft über das schlechte Benehmen der jungen
Kontorbediensteten, die sich beim Abholen der Post
im Amte mit lärmendem Spektakel unbeliebt machten und die Postbeamten bei der Arbeit störten.
Und das in einem Maße, wie man es »kaum vom
niedrigsten Pöbel, geschweige von Leuten erwarten
solle, die durch Erziehung gebildet sein wollen«.

Der Ober-Postmeister drohte, er werde sich – sollte keine Änderung eintreten – künftig weigern, den jungen Leuten die Briefe für ihre Dienstherren auszuhändigen.

In der Altstadt wurde im September 1796 die Gassenbeleuchtung verbessert. Zugleich sah sich der Rath veranlaßt, die Bevölkerung zu bitten, »an den neuen Gassenlaternen keinen Frevel zu verüben«. Auch blieb – trotz des neuen und besseren Lichtes in den freilich immer noch ziemlich schmutzigen Gassen die alte Verordnung bestehen, nach der die Bürger des Nachts eine Laterne bei sich führen mußten, denn es war unsicher auf den Straßen der Stadt. Ebenso wurde dringend geraten, die Haustüren und Fensterläden nach Anbruch der Dunkelheit zu schließen und von 23 Uhr an keine Waren, Mobilien und Kleidungsstücke über die Straßen zu tragen.

Es mußte darauf hingewiesen werden, daß der Ausschank von Getränken und der Verkauf von Waren am Karfreitag, zu Ostern und zu Pfingsten verboten sei und »das eingerissene Spiel der Jugend auf den Kirchhöfen« zu unterbleiben habe. Auch beklagte der Rath die Unsitte des Sammelns kleiner Münzen. Der Grund dieser Sammelleidenschaft lag ja auf der Hand. Die kleinen Münzen wurden – hatte man nur eine ausreichende Menge beisammen – gegen Gold eingetauscht. Aber in Bremen war auf diese Weise das Kleingeld knapp geworden. Und dagegen galt es einzuschreiten.

In Italien führte der General Napoleon Bonaparte seine französischen Soldaten von Sieg zu Sieg.

Katharina die Große von Rußland mußte Abschied nehmen von dieser Welt. Goethe schrieb »Wilhelm Meisters Lehrjahre«, und Edward Jenner erfand die Pockenschutzimpfung. Im Jahre 1797 wurde Friedrich Wilhelm III. König von Preußen. In London war eine Patent-Waschmaschine erfunden worden, und der Walzer wurde hoffähig, obwohl sittenstrenge Damen immer noch die Augen abwandten, wenn er getanzt wurde.

Die Menschen hielten sich für aufgeklärt, schwärmten für die freie Liebe und wußten – hinter vorgehaltener Hand, versteht sich – aus Frankreich zu berichten, daß dort die Ehescheidung möglich sei, was auch tüchtig genutzt werde. Lehrer Johann Lange, seit 1782 an der Stephani-Schule in Bremen, reformierte das Unterrichtswesen, indem er Lampes »Wahrheitsmilch« und »Gnadenwunder« vom Katheder fegte und für die Buchstabierklasse Rochows »Kinderfreund« einführte. Auch schrieb er selbst ein Rechenbuch mit gereimten Aufgaben und Erläuterungen, das trotz der schlechten Verse sehr gelobt wurde, und stellte – eine unerhörte Neuheit – einen Stundenplan für seine Schüler auf, in dem auch Platz war für Erdkunde, Naturgeschichte und für den menschlichen Körper.

Melchior Wilmans aber, der nicht nur Buchhändler war, sondern auch »commandirender Obrister« in Bremen, verkaufte seiner Kundschaft für 36 Grote das Buch »Das Ministerium der Hölle, vom Geheimschreiber Beelzebubs tradiert«. Und in den Salons wurde über eine neue Volkszeitung diskutiert, die ihre Leser unter anderem darin unterrichtete, wie man sich vor Hexen, Zaubern und Vergiften bewahren solle, und was man zu tun habe, daß Gewitter, Drachen, Irrlichter und Nordscheine weder dem Körper noch den Gütern schädlich werden könnten.

Warum die Bremer Schiffe oft
seltsame Namen erhielten, und
was sonst so von ihren Reedern und
Kapitänen erwähnenswert ist

Einer hatte sein Schiff auf den Namen »Zufriedenheit« getauft und damit wohl ausdrücken wollen, daß der Mensch mit dem, was das Schicksal ihm zuteil werden läßt, zufrieden sein und sich vor Unbescheidenheit hüten möge. Es kann aber auch sein, daß ihm daran lag, die behagliche Zufriedenheit der Bremer Handelsherren und Schiffer zum Ausdruck zu bringen, die ja in diesem ausgehenden 18. Jahrhundert allen Anlaß hatten, die Dinge mit vergnügten Sinnen zu betrachten.

Die Geschäfte gingen gut im Jahre 1797 und versprachen, immer besser zu werden, denn der Handel mit Amerika florierte, auf der Weser wimmelte es von Schiffen, und nur Miesmacher meinten, am Ende werde auch mal wieder ein Konjunkturtief kommen, und sie stellten ganz unbequeme Fragen zum Beispiel nach der Versandung der Weser, und wie lange man wohl noch mit den großen Schiffen werde weseraufwärts fahren können.

Der darauf exakt 30 Jahre später mit der Gründung Bremerhavens eine Antwort geben sollte, der Predigersohn Johann Smidt, war eben in diesem Jahre 1797 nach mehrjährigem Studium in Jena und Aufenthalt in Zürich in seine Heimatstadt Bremen zurückgekehrt; hier wurde er Professor der Philosophie am Gymnasium. Er blieb das nicht lange. Smidt wurde bereits im Jahre 1800 zum Ratsherrn gewählt, vertrat Bremen als Diplomat in schwierigen Missionen, in Paris und auf dem Wiener Kongreß, und wurde im Jahre 1821 Bürgermeister. Im Jahre 1827 gründete er Bremerhaven.

Daran dachte im Jahre 1797 freilich noch niemand schon gar nicht der junge Professor der Philosophie.

Und was die Schiffe betraf, so hatten sie ja – zumindest in Vegesack – immer noch genügend Wasser unter dem Kiel. Der Optimismus der Reeder drückte sich in Namen aus wie »Der Friede«, »Der Oelbaum«, »Die Freiheit«, »Die aufgehende Sonne«. Und ob der Name »Weintraube« die Hoffnung auf allzeit gute Ladung aus Portugal oder Bordeaux artikulierte oder auf eine stets griffbereite Flasche edlen Weines – das mag in den Annalen der bremischen Schiffahrtsgeschichte ruhen.

Für viele Schiffseigner freilich war es eine Herzensangelegenheit, ihr Verbundensein mit Bremen auszudrücken. Lüder Wieting hatte seine im Jahre 1792 erbaute Brigg auf den Namen »Bremen« getauft. Es war nicht das größte Schiff, auch nicht das kleinste. Aber es war ohne Frage ein sehr schönes Schiff: Daneben gab es »Die Krone von Bremen«, »Der Bremer Reichsbürger«, »Der Hanseatische Bund«. Und der Name »Der Republikaner« deutet zumindest auf bremische Haltung hin.

Doch wie zu allen Zeiten, so hatte auch damals die Liebe großen Einfluß bei der Namensgebung eines Schiffes. Wer die Juffrouw Susanna aus der Knochenhauerstraße liebte, der wollte ihr auch im fernen Baltimore nahe sein. Und so findet man im Schiffsregister manch weiblichen Vornamen, mit denen die Schiffer, die ja oft Monate und Jahre von zu Hause fort waren, klar Stellung bezogen hatten – im Gegensatz zu jenem, der in offenbar quälender Unentschlossenheit auf die glänzende Idee gekommen war, sein Schiff – »Die vier Schwestern« zu nennen.

Herr Papendiek von Papendiek & Höpken aus der Knochenhauerstraße war wegen einer Partie Zitronen an der Schlachte und traf seinen alten Freund Hinrich Eggers, der – genüßlich an seiner »Tobackspfeife« ziehend – auf dem Pier stand und dem Treiben auf seiner guten alten Galiote »De Juffrouw Susanna« zusah, wobei er sich von Zeit zu Zeit mit einer für unkundige Ohren absolut unverständlichen Order in das Geschehen einschaltete.

Papendiek gesellte sich zu ihm, und die beiden wechselten zunächst – wie es so der Brauch war – kein Wort miteinander, bis sich Papendiek zu der Bemerkung hinreißen ließ: »Is ja noch'n schönes Schiff, die ›Juffrouw Susanna‹«.

»Hm!« machte Hinrich Eggers.

»Aber eigentlich auch'n bißchen alt, nich?« »Hm!« wiederholte Hinrich Eggers in gewohnter Redseligkeit.

Papendiek sagte eine Weile gar nichts, ehe er sich räusperte und fragte: »Wie alt ist die ›Juffrouw Susanna‹ denn nu all?«

»Rechne aus«, antwortete Hinrich Eggers. »61 gebaut!«

Und Papendiek rechnet die Differenz aus zwischen 1761 und 1797 und kam auf das stattliche Alter von 36 Jahren. »Junge, Junge«, sagte er. »Wollt Ihr Euch nich bald'n neues Schiff anschaffen, Eggers?«

Da nahm Hinrich Eggers seine »Tobackspfeife« aus dem Mund und hielt entgegen aller üblichen Wortkargheit folgende Rede: »Nee, Papendiek, das will ich nich. Und das müßt Ihr auch verstehen. Ich hab ja nun, wie Ihr wißt, im vorigen Jahr meine

Susanna verloren, weil es dem Regierer über Leben und Tod gefallen hat, sie aus dieser Zeitlichkeit in ein hoffentlich besseres Leben zu versetzen. Und dann hab ich ja, wie Ihr ebenfalls wißt, vor einem halben Jahr die Anna geheiratet. Und die Anna ist ein junges Ding, Papendiek, und so vergnüglich das sein kann, so bin ich doch immer wieder froh, wenn ich auf meine alte ›Juffrouw Susanna‹ gehe. Denn das will ich Euch sagen, Papendiek, zwei junge Deerns – da könnt' ich nich gegenan!«

Hermann Sengstackes Schiff stand zu Beginn des Jahres 1797 auf dem Stapel, und die Zeit war abzusehen, da es zu Wasser gelassen werden sollte.

Gleichzeitig hatte sich bei Sengstackes ein anderes Ereignis angekündigt, das um so freudiger erwartet wurde, als Sengstackes eigentlich schon gar nicht mehr damit gerechnet und sich auf ein kinderloses Dasein eingerichtet hatten.

Dieser Tatsache nun trug der Ratsherr Hermann Kulenkampff Rechnung, der seit Jahren mit den Sengstackes gut bekannt war, als er Hermann Sengstacke auf der Obernstraße traf, gleich vor der Tuchhandlung von Abbegg & Frerichs.

»Na, Sengstacke!« rief er, und sein Gesicht drückte freudigste Teilnahme aus. »Da hat der liebe Gott Euch ja endlich einen innigen und seit langem gehegten Wunsch erfüllt, wie!« Und obwohl er natürlich wußte, daß sich Sengstacke nichts sehnlicher wünschte als einen Stammhalter, fügte er die Frage hinzu: »Was soll es denn werden, Sengstacke?«

Hermann Sengstacke, in Gedanken ganz beschäftigt mit seinem auf dem Stapel stehenden Schiff, antwortete: »Das kann man doch nu all sehen, Kulenkampff, 'ne zweideckige Brigg!«

Capitain Arend Doodt, der mit seiner zweideckigen Brigg »Der Hanseatische Bund« zum Auslaufen nach Baltimore in seiner Heimatstadt Bremen lag, hatte ja 'ne Menge Freunde auf der Welt. Und einer davon war der Nordhäuser Liqueur, der ihm freilich in einer etwas tückischen Freundschaft verbunden war. Denn sooft Capitain Arend Doodt sich mit ihm einließ, konnte er beim besten Willen nicht mehr von ihm lassen und kam hinterher meistens an Orten wieder zu sich selbst, die er jedenfalls unter normalen Umständen nicht aufgesucht hätte.

Manchmal fanden ihn dort auch andere. So zum Beispiel Friedrich Meensen, der Sohn von Addix. Er entdeckte Capitain Doodt eines Abends in einer ziemlich unansehnlichen Pfütze in der Langenstraße, in der es sich der Capitain – Opfer offenbar eines fürchterlichen Mißverständnisses – so bequem gemacht hatte, als befände er sich in seiner Koje auf der Brigg »Der Hanseatische Bund«.

Friedrich Meensen, jüngstes Mitglied an Bord der Doodtschen Brigg und so etwas wie Sohnesgefühle für den alten Arend Doodt empfindend, eilte hilfsbereit herbei, rüttelte den Capitain halbwegs wach und schaffte es nach einer Mordsanstrengung, ihn auf seine freilich immer noch wackeligen Beine zu stellen. Arend Doodt kam langsam zu sich, blinzelte, versuchte, sich zu orientieren und erkannte schließlich, nachdem sich in seinem Hirn Unmenschliches abgespielt hatte, seinen Schiffsjungen Friedrich Meensen. Und schon erwachte in ihm der Capitain und Erzieher. Er holte aus und ballerte dem überraschten und eigentlich auf ein Dankeswort vorbereiteten Friedrich

Meensen eine, daß dem Hören und Sehen verging, nicht ohne hinzuzufügen: »Das ist für all den Nordhäuser Liqueur, den du noch trinken wirst, mein Junge, und damit du dir merkst, wie das aussieht, wenn einer zuviel davon getrunken hat!«

Was im Frühjahr 1829 alles geschah, und welche Folgen die Wettleidenschaft einiger Honoratioren hatte

»Nach Buenos Aires wird expedirt, wenn das Wasser frei vom Eise, ultimo dieses Monats, sonst gleich nach offenem Wasser, das mit kupfernen Bolzen befestigte und mit einer Kupferhaut versehene, schnellsegelnde hiesige Schiff Harmonie, Capt. J. H. Lankenau, und wird zur Beladung von Gütern und Passagieren bestens empfohlen.«

So las man im Bremer Lokalblatt am 8. Januar des Jahres 1829, und wenn nicht alles täuscht, so war die Weser wieder einmal »zu«. Noch hatte ja kein Franzius sie korrigiert. Und es scheint, ein behaglicher Winter war der des Jahres 1828/29 ohnehin nicht, hatte man sich doch eben erst um eine Partie weicher jütländischer Strümpfe, Socken und Handschuhe gerissen, und Herr Höper von Unser Lieben Frauen Kirchhof Nr. 24 brauchte gewiß nicht lange auf Käufer für seine Schlittenbärendecke und die Vorreiterjacke zu warten. Er selbst benötigte sie freilich nicht mehr und hatte entsprechend annonciert.

Es geschah an diesen ersten Januar-Tagen des Jahres 1829 auch sonst so allerlei in der alten Kaufmannsstadt Bremen. Da beunruhigte der »Keichhusten« die Bevölkerung, der Keuchhusten, wie wir ihn heute nennen, dem schon einige Kinder zum Opfer gefallen waren. Da hielt Herr Dr. W. C. Müller im Museum einen Vortrag über die Wetterprophezeihung – ein Thema, das ja im allgemeinen nur dann interessiert, wenn ungewöhnliche und unangenehme Wetterverhältnisse herrschen. Und die Theatersaison erreichte einen Höhepunkt mit der Benefiz-Vorstellung des Herrn Gerlach als Hamlet und der Premiere der Oper »Der Maurer«, in der Herr Monhaupt aus

Köln, der in der Weißen Traube abgestiegen war, die Hauptpartie übernommen hatte.

Man diskutierte unter Weinkaufleuten, es gab immerhin 58 Weinhandlungen in Bremen, das in der J. G. Heyseschen Buchhandlung angebotene Buch »Thon's Kunst – aus Obst, Beeren, Blüthen, Säften und anderen schicklichen Stoffen, namentlich aus Äpfeln, Birnen, Kirschen, Orangen, Quitten, Johannis- und Stachelbeeren, Heidelbeeren, Kartoffeln, Rosinen, Honig, Zucker etc. einen vortrefflichen Wein zu verfertigen, auch andere Weine, als Ungar., Champagner, Burgunder, Medoc, Frontignac, Alicantwein, Mallaga, Canariensect, Madeira, Muscatwein und andere süße Weine auf eine leichte und sichere Art künstlich nachzumachen.«

Leute von Stand bemühten sich, für ihre Töchter einen guten Klavierlehrer auszuwählen. Im Lindenhofe hatte der Hauptmann Böse aus Bederkesa Quartier genommen. Die Anwohner der Kohlhökerstraße beschwerten sich, daß es bei ihnen immer noch keine nächtliche Beleuchtung gebe – damals hatte der Bürgermeister Smidt bei den »Kohlhökers« ja noch nicht für seine Kinder gebaut. Und im übrigen erregte die Sache mit Constantinopel doch ganz erheblich die Gemüter.

Werden nun die Russen Constantinopel erobern oder nicht? Ah, es war lästig geworden, sich mit dieser Frage und überhaupt mit dem ganzen Freiheitskampf der Griechen zu befassen. In den ersten Jahren, na gut, so Anfang der zwanziger Jahre, hatte man noch einiges Mitgefühl empfunden. Doch nun war mittlerweile ganz Europa in diesen Krieg hineingeschlittert – und die Geschäfte gingen demzufolge schlecht.

In Bremen gab es damals eine sich erfreulich entwickelnde Industrie, die aber auch beschäftigt werden wollte: allein 35 Bierbrauereien, zwölf Chocolade-Fabriken, 90 Tabacksfabriken, vier Oelfabriken, zwei Glashütten, sieben Hutfabriken, zwei Cichorien-Fabriken, und, na ja, alles in allem gingen in Bremen 423 Kaufleute ihren Geschäften nach – und das bei 50.000 Einwohnern.

Unter der Bremer Flagge segelten 107 Galeassen, Barken, Galioten, Fregatten. Das größte Schiff war die Fregatte »Olbers«, die dem Schiffer Gerhard Claussen gehörte. Außerdem zählten die beiden Grönlandfahrer »Bremen« und »Hanseat« zur bremischen Flotte, elf Heringsfischer, 57 Oberweserschifie und 65 Kähne.

45 Miethkutschen und Pferdevermiether hatten gut zu tun. Es gab 44 Gasthöfe in der Stadt, 41 Caffeehäuser und Weinschenken und immerhin drei Buchhandlungen. Eine von ihnen, W. Kaiser, empfahl dringend das Buch »Constantinopel« von dem Grafen Andreossy. Und damit wären wir wieder bei Constantinopel.

Also, was wird nun aus Constantinopel? Da hieß es in einem Zeitungsbericht aus der fernen Stadt am Bosporus: »Zur großen Freude aller hiesigen Einwohner ist endlich eine große Anzahl von Schiffen, die mit Lebensmittel aller Art befrachtet sind, hier eingelaufen. Die Theuerung derselben hatte bis zur Ankunft dieser Zufuhren sehr zugenommen, und man überließ sich, obwohl die Ruhe bis dahin nicht im mindesten gestört worden war, bereits sehr ängstlichen Besorgnissen hinsichtlich der Blockade von Seiten des russischen Geschwaders. Jetzt aber, da reichliche Vorräthe, wenigstens für den Augenblick, vorhanden sind, sind dieselben wieder gänzlich verschwunden, und der Muselmann giebt sich nach wie vor seiner gewöhnlichen Sorglosigkeit hin.« So zuversichtlich das klang, man hörte auch andere Nachrichten, zum Beispiel jene, daß der Sultan der Türken in Bosnien nicht mehr Herr der Lage sein solle.

Eines jedoch blieb aus: Constantinopel fiel nicht in die Hände der Russen. Und in Bremen machten einige Herren lange Gesichter, denn sie hatten eine Wette verloren: Und einige andere Herren rieben sich vergnügt die Hände, denn sie hatten eine Wette gewonnen, deren Gegenstand eben die Ereignisse im fernen Constantinopel gewesen waren.

Die Verlierer aber sahen schon wieder eine neue Chance, eine Wette zu gewinnen: Am 4. Januar des Jahres 1829, morgens vor Sonnenaufgang, schritten sie und ihre Kontrahenten an die Weser und warfen Steine ins Wasser.

»Geiht de Weser, oder steiht se?«

Es ist nicht überliefert worden, welche Partei diese Wette gewonnen beziehungsweise verloren hat. Vielleicht ist es wieder so ausgegangen wie bei der Constantinopel-Wette. Fest steht nur eines: Jeder Verlierer mußte einen Thaler zahlen. Und am 12. Januar 1829 wurden die auf diese Weise zusammengekommenen Thaler bei Schürmann in Horn in »Braunkohl mit Zubehör« umgesetzt.

Das war das erste Eiswett-Essen der Gesellschaft Eiswette von 1829, und es soll nur ja niemand daherkommen und quengeln: Was, einen Thaler zahlten die damals? So billig kamen die davon? Wie teuer dagegen ist heute das Leben – und dann erst ein Festmahl?

Aber, meine lieben Freunde, ein Thaler hatte damals 32 Grote, und was man für drei Grote alles auf dem Freimarkt bekommen konnte, das ist uns sehr wohl überliefert worden: Da erhielt zunächst der Kasper eine Kleinigkeit, vor allem, wenn er das schöne Stück »Grigri, der Zigandus« gespielt hatte. Dann wurde Karussell gefahren, nicht bei Dralle, da war es zu gefährlich, nein, auf dem kleinen Karussell. Danach wurde ein kleiner Speckaal verdrückt und hinterher ein Korinthenbrot, eine Stange Babbeler und gebrannte Mandeln von Anna Ahrens. Schließlich hatte man sogar noch Geld übrig, um den Eltern daheim eine Tüte Schmalzkuchen mitzubringen.

Nun, für die in der wettfreudigen Herren-Runde zusammengekommenen acht Thaler, mehr waren es nicht, gab es bei Schürmann in Horn ein Kohlessen, das nicht von schlechten Eltern war, und weil es auch sonst recht gemütlich bei Schürmann zugegangen sein muß und ganz gewiß nicht trocken, brauchte sich niemand zu wundern, daß einige der seriösen Herren ihre hochmodernen Castor-Hüte draußen in Horn liegenließen oder sie mit ähnlichen, leider aber fremden Hüten vertauschten, was dann ein paar Tage darauf im Lokalblatt zu lesen stand.

Aber nun wird es wohl Zeit, auf die Gesellschaft Eiswette einzugehen, die zwar die Jahreszahl 1829 in ihrem Namen trägt, die aber – wie sogleich bewiesen werden soll – in Wirklichkeit sehr viel älter ist. Im Bremer Staatsarchiv wird noch ein Exemplar jener Jubiläumsschrift aufbewahrt, die im Jahre 1929 aus Anlaß der Hundertjahrfeier der Gesellschaft verfaßt worden ist. In ihr kann man sich über die Vorgeschichte der Eiswette unterrichten.

Es war im Jahre 1817. Herr Olbers hatte seine Träume von der Bremer Universität endgültig begraben. Nachts auf den Straßen wurde man angepöbelt oder fiel gar in eines dieser garstigen Kellerlöcher. Und wer es wagte, eine Vergnügungstour nach den schönen Eichenhainen von Oberneuland zu unternehmen, der mußte Beile und Stricke in den Wagen legen, auch sonst allerlei Vorsichtsmaßnahmen treffen, denn selten, so schreibt Johann Georg Kohl, der aus Bremen stammende und Mitte des 19. Jahrhunderts meistgelesene deutsche Reiseschriftsteller, »ging es ohne einen Schaden, ein Rad- oder Deichselflicken oder sonst ein Abenteuer ab«. War es im nächsten Dorfe hinter Bremen, in Schwachhausen, zufällig noch trocken, so begann dahinter ganz sicherlich eine endlose Wasserwüste.

In jenem Jahr 1817 also beschlossen die Bremer Herren Johannes Tidemann, Kaufmann aus der Martinistraße 12, Fr. Huchting, Tuchhändler aus der Osterstraße 37, Wilhelm Fritze, Wechsel- und Commissionsgeschäfte in der Langenstraße 105, und J. C. Lampe sich in der Loge Zum Ölzweig zu einer Kartenspielgesellschaft zu vereinigen. Nicht zum Skatspiel, das gab es damals noch nicht, das mußte noch erst – so um 1835 – aus dem Altenburgischen verbreitet werden. Man traf sich zum ersten Male im Hause des Herrn Huchting und nach und nach – jeden Donnerstag – bei den anderen Mitgliedern. War Herr Fritze an der Reihe, tagte man in der Union.

Aber es blieb nicht beim Kartenspiel. Im Frühling und im Sommer, wenn die Bremer ihre Bänke vor die Haustür stellten, es sich darauf bequem machten und ihr bißchen Freizeit genossen, ruhten bei den vier Freunden aus der Loge Zum Ölzweig die Karten. Gemeinsam ging man stattdessen zum Kuhhirten Sowerby auf dem Werder, um dort zu kegeln.

Einmal in jedem Winter aber, zuerst im Winter 1818/19 wurde in der Erholung am Ansgariikirchhof ein Ballabend veranstaltet. Dazu wurden Freunde geladen und – Damen. Es muß zugegeben werden, daß die Damen nicht ungern kamen, denn für sie war die Geschichte mit der Aussicht auf durchaus erstrebenswerte Folgen verbunden: Alle männlichen Teilnehmer waren noch unverheiratet.

Und auf solch einem Ball muß es wohl gewesen sein, vielleicht auch kurz davor beim Kartenspiel, ganz sicherlich aber in vergnüglicher Stimmung, daß eines der neuen Mitglieder der Gesellschaft, Herr Ries, der Geld-, Wechsel- und Assecuranz-Makler aus der Obernstraße 9, genüßlich an seiner Havanna-Zigarre zog, natürlich an der »superfine yellow & brown Woodwille«, und schmunzelnd in die Runde sprach: »Ich wette zehn Thaler für ein Festmahl, bestehend aus Braunkohl und Zubehör, daß Wilhelm Fritze als erster von uns heiratet.«

Na, da kannte er aber Wilhelm Fritze schlecht. Der war sich seiner Junggesellensache sehr gewiß und übertrumpfte das Gebot mit 100 Thalern und einem Ballabend.

Niemand vermag heute noch zu sagen, wieso Herr Ries ausgerechnet auf Wilhelm Fritze, diesen eingefleischten Junggesellen, verfiel, der doch – hätte auch nur ein leiser Zweifel bestanden – diese Wette als gewiefter Kaufmann niemals eingegangen wäre. Tatsache ist aber: Wilhelm Fritze heiratete zuerst. Die 100 Thaler waren fällig, der Ballabend auch. Wo die 100 Thaler im wahrsten Sinne des Wortes verfressen worden sind, ist nicht mehr bekannt.

Der ungewöhnliche Erfolg aber mit dieser Wette ließ wiederum Herrn Tidemann nicht ruhen. Er gründete innerhalb der Kartenspielgesellschaft eine Tontine zum Besten der Heiratslustigen. Eine Tontine ist eine nach Lorenz Tonti, der zur Zeit Ludwigs XIV, lebte, benannte Form der Leibrente, wobei freilich hinzugefügt werden muß, daß dieser Tonti die Rente nicht erfunden hat – er hat sie nur ausgebeutet. Aber das nur am Rande. Die Tontine der Gesellschaft in Bremen wurde so gestaltet, daß die Junggesellen dem jeweiligen Bräutigam und seiner Braut im Weinkeller ein Fest geben mußten, zu dem die Verheirateten mit ihren Frauen als Gäste geladen wurden.

Es ergab sich im Laufe der Zeit, daß alle Mitglieder der Gesellschaft in den heiligen Stand der Ehe traten. Man mußte sich nach neuen Wettobjekten umsehen, und da war es wieder Wilhelm Fritze, der einen fröhlichen Anlaß bot. Er schickte sich nämlich an, Vater zu werden, und seine Freunde ließen es sich nicht nehmen, eine Wette auf das Geschlecht des Kindes abzuschließen. Junge oder Mädchen?

Das Resultat ist heute nicht mehr interessant, doch gab es hinterher – wie üblich – ein kräftiges Braunkohlessen, und weil es die Leute zu jener Zeit bei einem Kind oder bei zwei Kindern nicht bewenden ließen, boten sich für die unverdrossenen Wetter immer neue Gelegenheiten, bis auch der Kindersegen aus biologisch bedingten Gründen nach und nach versiegte. Man nahm zu an Lebensalter und Lebensweisheit und fing wieder an, sich mehr für die Politik zu interessieren.

Constantinopel war einer der Anlässe, die zu Wettabschlüssen anregten, und natürlich war es bei derart verzwickter Weltlage doppelt wichtig, daß der ohnehin nicht mehr ganz reibungslose Ablauf der Geschäfte in Bremen wenigstens nicht durch eine dicke Eisschicht auf der Weser gestört wurde.

Es war ja damals keine Seltenheit, daß eine Eisschicht die Weser überzog, fest genug, um hochbeladene Frachtwagen zu tragen und ihnen einen Weg weserabwärts zu geben. Nun gut, Frachtwagen hin, Frachtwagen her, auf die mit der Schiffahrt verbundenen Bremer mußte ein solcher Ersatz geradezu kümmerlich wirken. Sie wünschten sich einen offenen Weg in die See für ihre Schiffe, und so kam es – geboren aus der Sorge um den künftigen Handel mit einer bedauernswerterweise total verrückten, jedoch für das eigene Wohlergehen leider notwendigen Welt – am 6. November 1828 zu jener Wette, die Geschichte machen sollte.

Die Statuten der Gesellschaft Eiswette von 1829 haben sich seitdem ein wenig verändert. So wurde im Jahre 1832 beschlossen, fortan nicht mehr am 4.

Januar vor Sonnenaufgang das Eis der Weser zu prü-
fen, sondern am 6. Januar bis zur Mittagstunde, was
darauf schließen läßt, daß es bei den Bremern mit
dem frühen Aufstehen eine etwas zweischneidige
Sache sein muß. Man hat diese Satzungsänderung
jedenfalls bis heute nicht angetastet.

Und noch etwas hat man beibehalten: Bei allem
Ernst, der hinter dieser Eiswette steht, auch heute
noch, da die Weser selbst im strengsten Winter »geiht«,
da freilich manche andere Sorgen kneifen, bei allem
Ernst also, der hinter der symbolhaften Handlung
der Eiswette steht, hat man doch nicht vergessen, im
Sinne ihrer Gründer zu handeln, die seriöse, ernsthafte und erfolgreiche Kaufleute waren und die doch
recht vergnügt und ausgelassen sein konnten. Sie
hätten sonst die Eiswette nicht erfunden.

Der Spuckstein von Bremen – und warum
Gesche Gottfried ins Museum kam

»Das Ausland erkennt dem Bremischen Frauenzimmer Geistesbildung zu«, berichtete Professor Adam Storck im Jahre 1822 in seinen »Ansichten der Freien Hansestadt Bremen«, und er schrieb weiter, in Bremen werde es mit dem Unterricht des weiblichen Geschlechts ernstlich genommen, vor allem werde auch die englische Sprache kultiviert, »zu deren Aussprache der Mund der Niederdeutschen vorzüglich organisirt ist«. Mit dem Französischen war es bei den Bremerinnen wohl nicht so doll. Im übrigen schilderte Storck seine jungen und älteren Mitbürgerinnen als Wesen, die in edler Bescheidenheit bestrebt seien, ihre vorzüglichen Talente zu verbergen.

Eben in jener Zeit, da Adam Storck ein so positives Urteil über die Bremerinnen abgab, bahnte sich eine schreckliche Geschichte an, die bis auf den heutigen Tag unvergessen geblieben ist.

Die Bremerin Gesche Gottfried, die in geordneten Verhältnissen lebte und in der Pelzerstraße wohnte, eine geborene Timm übrigens und verwitwete Miltenberg, hatte in den Jahren zwischen 1813 und 1828 einen guten Teil ihrer Verwandtschaft und einige Bekannte mit »Mäusebutter«, wie damals das Arsen genannt wurde, vergiftet. Alles in allem sind ihr in einem Prozeß fünfzehn Morde nachgewiesen worden. Am 21. April 1831 wurde sie auf dem Domshof vor 35 000 Zuschauern hingerichtet. Ihr Kopf wurde in Spiritus eingelegt und im Museum »zum Vorteil der Taubstummenanstalt« ausgestellt.

Die Hinrichtung der Gesche Gottfried war die letzte öffentliche Exekution in Bremen: An jener Stelle, wo das Schafott gestanden hat, an der Nordseite des Domes, erinnert ein großer, mit einem Kreuz versehener Pflasterstein an das Spektakel. Es ist der berühmte Bremer Spuckstein. Generationen von Bremern haben, um ihren Abscheu vor diesem »Scheusal in Menschengestalt« namens Gesche Gottfried zum Ausdruck zu bringen, auf den Stein gespuckt, und tun es immer noch.

Wie die Bremer mit viel Vergnügen
109 551 Mark für einen neuen
Dom-Turm aufbrachten

»Die Stimmung der Bazar-Besucher war eine überaus animirte!« schrieb der Chronist, nachdem er selbst den Dom-Bazar in allen Räumen des Tivoli besucht und von schönen Frauen mit kalten und warmen Speisen, mit »alkoholischen und Mäßigkeitsgetränken, mit stillen und überschäumenden Weinen, mit bayerischen, böhmischen und bremer Bieren« verwöhnt worden war.

Die Geschichte begann damit, daß die Bremer ihren Dom außen und innen so weit in Ordnung gebracht hatten, daß sie nun daran denken konnten, ihm einen Vierungsturm aufzusetzen. Baumeister hatten auf Heller und Pfennig ausgerechnet, daß ein solcher Turm 150 000 Mark kosten würde. Diese sollten mit Hilfe eines Bazars von den Bremern zusammengetragen werden.

Am 25. Februar 1896 wurde der Dom-Bazar eröffnet. Künstler und Baumeister hatten das Tivoli für diesen Zweck völlig auf den Kopf gestellt. Der Obersaal war in eine Schloßruine mit einem dazugehörenden schwedischen Dorf aus der Zeit Karls XII. verwandelt worden, und »hübsche Skandinavierinnen mit blauen Augen und goldigem Haar« boten dem Besucher Stärkung und Erfrischung an.

Im Verbindungssaal war ein russisches Bauernhaus aus der Zeit Peter des Großen entstanden, und im großen Theatersaal konnte man das Prunkstück des Bazars bewundern, den Marktplatz von Vineta, wie sich die Leute des 19. Jahrhunderts den Mittelpunkt jener sagenhaften Handelsstadt an der Ostsee vorstellten, die vor etwa tausend Jahren vom Meer verschlungen worden sein soll. In den Untergeschossen der Häuser von Vineta hatte man Verkaufsläden eingerichtet, und zu gastlicher Bewirtung konnte man sich in den Obergeschossen und in der Nixengrotte einfinden.

Eine Kunstausstellung der »allerneuesten Schule« beherrschte die Obere Glashalle. Aber hier wurde man auch in die beneidenswerte Lage versetzt, sich eine Eskimohütte aus dem Land der Mitternachtssonne anzusehen und sich von liebenswerten Eskimodamen, die allesamt ein unverfälschtes Bremisch sprachen, Getränke reichen zu lassen, die keineswegs nach Tran schmeckten, wie von Skeptikern angenommen worden war.

In der unteren Glashalle mit dem neuen Anbau blickte man schaudernd in die Tazzelschlucht, in die Luglochhöhle, und wer kein Feigling war, konnte den »Tunnel nach Afrika« benutzen, der damals einem dringenden Bedürfnis abhelfen sollte, weil es ja seit dem Bau des Suezkanals nicht mehr möglich war, trockenen Fußes nach Afrika zu gehen. Außerdem gab es in der Unteren Glashalle das sensationelle »Wüstencarroussel«, das es jedem Unerschrockenen ermöglichte, auf dem König der Wüste zu reiten – ein unvergleichliches Abenteuer.

Afrika spielte auch in dem Konzertsaal des Tivoli eine nicht unerhebliche Rolle. Es war dort eine bremische Faktorei in Kamerun aufgebaut, die im übrigen – wie der Marktplatz von Vineta – das besondere Interesse der in kolonialen Belangen sachkundigen Bremer fand. Außerdem gastierte im Konzertsaal die Hofoper des Königs Oaquaku mit der über die Maßen bewundernswerten Oper »Othellos Rache oder das verlorene Schnupftuch«. Für die Musikvorträge hatte die keine Kosten und Mühen scheuende Direktion die Kapelle des 1. Hanseatischen Infanterieregiments Nr. 75 unter der Leitung von Musikdirektor Ew. Schuh und die Tivolikapelle unter der Leitung von Kapellmeister Kipke gewonnen.

Der ganze Spaß eines Bazar-Besuchs kostete am ersten Tage 5 Mark Eintritt, Familienkarten für fünf Personen 18 Mark. Das war fast geschenkt. Später wurde es noch billiger.

Und was hatte man nicht alles davon! Es gab auf dem Bazar preisgünstig Kuchen zu kaufen, Babbeler, Bonbons, »alte Scharteken von hohem künstlerischen Wert«, das Hauptstück des Schreckenkabinetts der Kunstausstellung mit dem verheißungsvollen Titel »Das letzte Talglicht«, es gab eine hochinteressante »Oel-Photograpie vom Herzen einer jungen Dame, mit Röntgen-Strahlen aufgenommen« zu betrachten, und schließlich konnte man sich ansehen, wie Baumeister Salzmann sich das neue Stadthaus dachte. Sein Entwurf zeigte einen prächtigen Bau, mit »schönen Zwiebeltürmen dekoriert«, mit dem ein zweites Parkhaus mitten in die Stadt verpflanzt worden wäre. Die Bremer ließen zum Glück später von diesen Salzmannschen Plänen ab und den Münchener Architekten von Seidl in die Hansestadt kommen. Ihn beauftragten sie dann, das alte Rathaus um einen Anbau zu erweitern.

Doch zurück zum Dom-Bazar, wo sich der Besucher reichlich mit Radbrucher Medikamenten, Marke Schäfer Ast, eindecken konnte, und wo er Gelegenheit fand, sich bei allerlei Scherzspielen zu amüsieren, zum Beispiel beim Goldfischangeln, »ein Vergnügen, gleich unterhaltend und belehrend für Männlein und Weiblein«.

Höhepunkt des ersten Tages sollte ein Festspiel auf dem Marktplatz sein, das allerdings aus irgendwelchen Gründen nicht stattfinden konnte. Man hat in Bremen für Festspiele noch nie eine besonders glückliche Hand gehabt.

Das Festspiel wurde ersetzt durch wohlgefällig aufgenommene Reigentänze der Nixen und Matrosen, wobei freilich gesagt werden muß, daß man offenbar die mögliche Anwesenheit eines Publikums gar nicht einkalkuliert hatte. Die Zuschauer fanden nämlich kaum Platz, um sich an dem Anblick der Nixen und Matrosen zu ergötzen. Die allgemeine Stimmung konnte aber durch derartige Pannen nicht getrübt werden. Die Bremer waren vergnügt und brachten für ihren Vierungsturm immerhin 109 551 Mark zusammen. Ganz Bremen sang in jenen Tagen:

Es ist nix so traurig,
Es ist nix so betrübt,
Als wenn sich ein Schellfisch
In 'nen Hummer verliebt.

Der St. Petri-Dom, dessen Vorgänger aus dem 9. Jahrhundert im Jahre 1041 weitgehend abbrannte, wurde in den Jahren 1042 bis 1100 erbaut. Die Restaurierung von 1888 bis 1901 brachte ihm unter anderem den Vierungsturm. Erst in unserer Zeit ist der Dom dann noch einmal grundlegend restauriert worden, wobei viele Erzbischofsgräber aus der Gründerzeit des Doms freigelegt wurden.

Vom Moppen-Onkel – und dazu ein kurzes Wort zum Bremer Freimarkt

Am Lieben Frauen Kirchhof ist mein Stand,
Mit den bekannten süßen Moppen,
Wo alt und jung vergnügt nach hoppen,
Die dritte Bude von der Obernstraße aus
Schaut der fidele Moppen-Onkel raus.

Im Jahre 1884, als Neunundzwanzigjähriger, erschien Johann Hermann Vajen zum ersten Male mit seinen Moppen, einem mit Sirup gesüßten und mit Zitronenzucker bestreuten runden Kleingebäck, auf dem Bremer Freimarkt, und bald kannten ihn alle Bremer wegen seiner originellen und im Schnellverfahren gedrechselten Verse.

Ach, mein Herr vom Kontor,
Kommen Sie ruhig noch ein bißchen vor!
Kleines Frollein, der neue Hut
steht Ihnen wirklich gut!
Auch die Herren Lehrer
Sind von meinen Moppen Verehrer.

Durch ein drolliges Verschen, so wird erzählt, habe der Moppen-Onkel einmal die Bekanntschaft einer Dame und eines Herren der Gesellschaft vermittelt. Und die beiden seien dann ein sehr glückliches Paar geworden.

Etwas anderes hätte auch kein Mensch in Bremen angenommen, denn was der MoppenOnkel in die Hand nahm, das mußte gut werden. Man brauchte ja nur von seinen süßen Moppen zu kosten und in sein immer fröhliches Gesicht zu sehen.

Niemand nahm es daher auch sonderlich ernst, wenn er mit den Kindern schalt, die stundenlang um seinen Stand herumlungerten:

Kinder, nu müßt ihr aber weitergehn
Und nicht so lange vor der Bude stehn!

Er meinte es ja in Wirklichkeit nicht so. Im Gegenteil, er freute sich insgeheim und fand es doch recht schmeichelhaft, daß er in der altehrwürdigen Kaufmannsstadt ein so bekannter und beliebter Mann war, und daß sich niemand den Freimarkt ohne seine Mitwirkung vorstellen konnte.

Dor kummt von buten ok Jan Meier,
Wat kost denn nu bi jo de Eier?

Und als ihm gar nichts mehr einfiel, rief er: »Leute – für heute – schweigt meine Muse! – Ich mach keine Verse mehr!« Und auf einen Herrn zeigend: »Mach du se!«

Moppen werden heute noch auf dem Freimarkt verkauft. Der Moppen-Onkel aber sitzt längst oben im Himmel inmitten der fröhlichen Runde Bremer Originale – neben Heini Holtenbeen, der seinen Stammplatz an der Börse hatte, wo die besten Zigarrenstummel von ganz Bremen weggeworfen wurden, denn in der Börse durfte nicht geraucht werden, neben Fisch-Lucy, die eine wortgewaltige Marktfrau war, und neben Mutter Cordes, die selbstverständlich ihren treuen Esel Anton mit in den Himmel bringen durfte. Und die fünf, der Esel Anton zählt ja mit, essen immerzu die herrlichen Moppen vom Moppen-On-kel, der sich in dieser bremischen Gesellschaft pudel-wohl fühlt, und den es schon längst nicht mehr stört, wenn Heini Holtenbeen mit wichtiger Miene zum soundsovielten Male herunterleiert: »Guten Tag, meine Damens, guten Tag, meine Herrens, große Neuigkeit, im Hafen ist ein Schiff mit Indigo ausge-laufen, der ganze Hafen ist blau ...«

Dann antwortet der Moppen-Onkel:
Nu hör man auf, uns hier zu foppen,
Iß lieber meine guten Moppen.

Was aber den Bremer Freimarkt betrifft, der geht auf den 16. Oktober des Jahres 1035 zurück. Damals verlieh Kaiser Konrad II. dem bremischen Erzbischof Bezelin das Jahrmarktprivileg. Als größtes Volksfest Norddeutschlands findet der Freimarkt (Ischa Frei-maak!) alljährlich in der zweiten Oktoberhälfte statt, sogar mit einem großen Umzug quer durch die In-nenstadt zur Bürgerweide.

Was die Bremer veranlaßt hat,
der Faulheit ein Denkmal zu setzen

Der alte Doktor Ludwig Roselius, der den koffein-
freien Kaffee HAG erfunden hat und von dem die
Idee zum Bau der Böttcherstraße stammt (er hat sie
dann ja auch bezahlt), pflegte die Sieben Faulen als
die ersten Rationalisierer Bremens zu bezeichnen.
Vielleicht waren sie sogar die ersten Rationalisierer
der Welt.

Jedenfalls waren sie wohl von jenem Schlag, den
die Oldenburger und die Hamburger immer dann
zitieren, wenn sie in ihrem Übereifer alles selber
machen wollen. Nicht ohne jene jeden vernünftigen
Menschen ganz und gar unverständige Überheblich-
keit pflegen sie dann zu sagen: »Ich bin doch kein
Bremer, ich laß mir die Arbeit nicht aus der Hand
nehmen.«

Es ist im übrigen eine uralte Redensart, die darauf
hinweist, daß zwischen Bremern und ihren Nach-
barn immer schon ein herzlicher Umgangston ge-
herrscht hat.

Doch kehren wir – um diplomatische Verwick-
lungen zu vermeiden – lieber zurück zu den Sieben
Faulen, von denen nun leider berichtet werden muß,
daß es sie in der Gestalt, wie sie auf dem Giebel des
HAG-Hauses in der Böttcherstraße stehen, geschaf-
fen von dem Bildhauer August Thölken, nie gegeben
hat. Sie sind vielmehr im vorigen Jahrhundert von
jenem Schriftsteller Friedrich Wagenfeld, von dessen literarischen Leistungen bereits die Rede war, frei
erfunden und in die Form eines Volksmärchens gebracht worden. Für die Bremer spricht, daß sie dieses
»Volksmärchen« sofort akzeptiert haben, vielleicht
geschah das auch mit einer gewissen Erleichterung

wegen der Faulenstraße, die ja damals eine der Hauptgeschäftsstraßen der Stadt war. Da man nun die Sieben Faulen besaß, konnte man immer darauf hinweisen, daß die Faulenstraße nach ihnen benannt worden sei. Und man konnte auch mit der etwas peinlichen und für Sauberkeitsfanatiker geradezu bedrückenden Tatsache hinter den Berg halten, daß diese Straße im Jahre 1365 als »vule Strate« erwähnt wurde, also als eine unsaubere und dreckige Straße.

Nach der »Geschichte« von Wagenfeld waren die Sieben Faulen sieben Brüder, die in ihrer grenzenlosen Verachtung für jegliche Art schwerer Arbeit Deiche bauten, um nicht immerzu vor dem Hochwasser davonlaufen zu müssen, Straßen anlegten, um bequemer vorwärts zu kommen, Brunnen bohrten, um nicht von der Weser her das für den täglichen Bedarf erforderliche Wasser schleppen zu müssen, und die sogar Linden vor ihre Haustüren pflanzten, weil sie den weiten Weg in den Wald scheuten.

Ludwig Roselius gehörte zu jenen, die den tiefen Sinn dieses frei erfundenen »Volksmärchens« für sich ganz persönlich nutzten. Er brachte es in Bremen »aus reiner Faulheit« durch harte Arbeit zum erfolgreichen Kaffeekaufmann, der zwar immer noch hart arbeiten mußte – freilich unter weitaus angenehmeren Voraussetzungen.

Fünf Freunde standen ihm beim Aufbau seines Unternehmens und bei dessen Führung als engste Mitarbeiter zur Seite. Diesen fünf Männern – mit Ludwig Roselius als dem sechsten – hat Bernhard Hoetger, der Baumeister, Bildhauer und Maler, der in den zwanziger Jahren des 20. Jahrhunderts nicht nur die halbe Böttcherstraße gebaut hat, sondern auch das »Cafe Verrückt« in Worpswede, ein Denkmal gesetzt: Im Sieben-Faulen-Brunnen im Handwerkerhof der Böttcherstraße. Es ist der Brunnen, auf dessen Röhre – Sinnbild der Weser – die Bremer Stadtmusikanten zum Bremer Rathaus ziehen. Wer mitgezählt hat, wird nach dem siebten Faulen fragen. Dieser Faule war eine Faule – eine von allen sehr verehrte Tänzerin.

Ein anderes Sieben-Faulen-Denkmal steht beim Siemens-Hochhaus Auf der Brake. Es ist ein Bronzebildwerk von Marie-Luise Wilckens, aufgestellt im Jahre 1968.

Ludwig Roselius der Ältere blieb jedoch nicht der einzige Bremer, der erkannt hatte, daß man es ohne eine ebenso grenzenlose wie sinnvolle Faulheit zu nichts bringen wird im Leben. »Merken Sie sich eines, junger Mann«, pflegte ein um die motorisierte Fortbewegung der Bremer hochverdienter Bürger der Stadt seinen jüngsten Mitarbeitern nach den ersten Tagen der Einarbeitung in einem vertraulichen Gespräch mitzuteilen, »ohne Faulheit gäbe es keinen Fortschritt!« Um dann allerdings, in tiefer Sorge, er könnte mißverstanden worden sein, hinzuzufügen: »Und nun seien sie man recht fleißig, damit Sie den Sinn meiner Worte eines Tages verstehen lernen.«